AF336582

RAPPORT

SUR LA

Législation du Travail

Adressé

Par L'Union des Syndicats Patronaux

des Industries Textiles de France

à Monsieur le Ministre du Commerce
et de l'Industrie

PARIS

15, RUE DU LOUVRE, 15

(1er Arrond^t.)

RAPPORT

DE

L'UNION DES SYNDICATS PATRONAUX

DES INDUSTRIES TEXTILES DE FRANCE

A

Monsieur le Ministre du Commerce et de l'Industrie

EXPOSÉ DE M. TOURON

*Secrétaire général de l'Union, membre du Conseil supérieur
du travail*

**Au sujet de la réduction des heures de travail et du décret
du 28 mars 1902**

Réduction des heures de travail

L'Union estime qu'en abaissant la durée du travail, au-
dessous de onze heures, on a dépassé la limite raisonnable
dans la voie de la réduction. Avec le palier de 10 heures 1/2,
la situation des industries textiles, en particulier, est deve-
nue des plus précaires ; aussi sont-elles unanimes à pro-
tester avec la plus grande énergie contre l'application du
palier de 10 heures fixée au 1er mars 1904.

L'Union demande la suppression de cette partie de la
loi de 1900.

A propos de la loi de 1900, l'Industrie textile tient à dis-
siper un malentendu qui n'a que trop duré.

On a dit et répété, au cours des discussions parlemen-
taires, et dans les Conseils spéciaux, que l'industrie tex-

tile avait fait la loi de 1900 ou, tout au moins, que c'était àsa demande que cette loi avait été faite.

Rien n'est moins exact.

S'il est vrai que l'Industrie textile ou plutôt que quelques industriels appartenant à cette industrie aient accepté l'abaissement de la journée à 11 heures, pour tout le personnel qui se livre, dans un même local, à un travail commun, ce fut à titre transactionnel et dans le but de souscrire au désir manifesté par l'administration de faciliter le travail de l'inspection.

Il y eut visites au Ministre du Commerce, pourparlers avec les pouvoirs publics, mais toujours sur la base de la transaction à onze heures. Aussi quelle ne fut pas la surprise de l'industrie lorsque le projet de loi apparut avec la réduction à 10 heures, en deux paliers, sans qu'il eut été possible aux industriels de discuter ces dispositions !

Les conditions de l'unification des heures de travail, telles qu'elles avaient été admises par l'élément patronal, à titre transactionnel, se trouvèrent ainsi complètement modifiées et il est absolument abusif, inexact, de prétendre aujourd'hui que la loi de 1900 ait été préparée et présentée d'accord avec les industriels textiles.

Les Syndicats adhérents à l'Union estiment que la durée du travail effectif de 63 heures par semaine, tout en étant insuffisante, constitue une limite qu'on ne saurait franchir sans compromettre plus gravement encore les intérêts vitaux de leur production.

Toutes les Industries textiles, qu'elles vivent du marché intérieur ou d'exportation, sont gravement atteintes.

On ne saurait nier, en effet, que les tarifs de 1892 défendent d'une façon moins efficace les industries protégées depuis la réduction des heures de travail ; et, d'autre part, n'est-il pas évident qu'en renchérissant le prix de revient des industries qui vivent surtout d'exportation, on les place par cela même dans un état d'infériorité absolue sur les marchés étrangers.

Telles sont les observations d'ordre général que l'Union croit devoir présenter sur la loi de 1900, mais il est de son devoir de signaler aussi les desiderata de certaines régions textiles, — notamment de la région de Roanne, — qui demandent, d'accord avec leurs ouvriers, que la limitation des heures de travail, au lieu d'être quotidienne, puisse, dans certains cas, devenir hebdomadaire. Il serait possible ainsi de répartir le travail sur les cinq premiers jours de la semaine de façon à accorder aux ouvriers tout ou partie de l'après-midi du samedi.

Mais, ce mode d'organisation du travail devrait être purement facultatif, chacun restant libre de l'accepter ou, tout au contraire, de conserver le système de la limitation quotidienne.

Après cet exposé, M. le Secrétaire général a déclaré, au nom de l'Union, qu'il n'entendait pas, au cours d'une première visite à M. le ministre du Commerce, insister davantage sur la loi de 1900, l'Union n'ignorant pas que cette question dépasse les limites des attributions du Pouvoir exécutif et rentre dans le domaine de la compétence parlementaire.

Mais, la limitation de la durée du travail atteint si gravement l'Industrie textile que l'Union tenait à exprimer son sentiment à ce sujet et à le faire connaître au Gouvernement.

Le décret du 28 mars 1902

Il est une autre question non moins importante que la première, celle-ci ne sortant pas des limites de la compétence gouvernementale : c'est celle de la rédaction et de l'interprétation des décrets qui complètent les lois du travail, et, en particulier du décret du 28 mars 1902.

Le décret du 28 mars 1902 a abrogé et remplacé, par des dispositions nouvelles, le décret du 17 mai 1851 qui avait pour objet d'apporter, dans l'intérêt de l'industrie, certaines dérogations à la limite légale de la durée du travail des adultes fixée, par le décret-loi du 9 septembre 1848, à 12 heures.

Or, ce décret, notamment dans le tableau annexé à l'article 1er, est extrêmement obscur et il est de toute nécessité, afin d'éviter de fâcheuses équivoques, qu'une circulaire interprétative en vienne préciser les termes.

Nous signalons tout d'abord le § 1er du tableau qui accorde une heure et demie de travail supplémentaire, « au delà de la limite assignée au travail général de l'établissement », pour le travail des mécaniciens et chauffeurs employés au service des machines motrices.

Cette expression « au delà de la limite du travail général de l'établissement » est fort peu claire et pourrait prêter à des interprétations contradictoires.

Si nous en croyons les textes du décret-loi du 9 septembre 1848, de la loi du 30 mars 1902 rapprochés de l'arrêt de cassation du 30 novembre 1901 et du décret du 28 mars 1902, le § 1er doit nécessairement s'expliquer ainsi :

Pour les mécaniciens, chauffeurs et conducteurs de machines travaillant dans les ateliers distincts du personnel protégé, la durée légale du travail étant, conformément au décret-loi de 1848, interprété par l'arrêt de cassation du 30 novembre 1890, de 12 heures par jour, l'exception prévue par le § 1er du tableau annexé au décret du 28 mars porte à 13 heures 1/2 le chiffre d'heures de travail qu'il leur est permis d'accomplir.

Tout au contraire, ces mêmes ouvriers travaillant dans les mêmes locaux que des catégories protégées, sont soumis au régime des 10 heures 1/2. Et, si l'on tient compte du supplément d'une heure et demie qui leur est imparti, le total global de la durée du travail qui leur est propre est de 12 heures.

Tel doit être le sens logique du décret qui prend soin d'indiquer, en son article 1er, que : « . . . . . la **durée du travail peut être élevée au-dessus des limites respec-**

tivement fixées par l'article 1er de la loi du 9 septembre 1848 et par l'article 2 de la loi du 30 mars 1900 ».

Malheureusement, le texte du § 1er du tableau est, comme nous l'avons dit, fort peu clair et il a déjà donné lieu, de la part d'un inspecteur de la région du Nord, à une interprétation erronée.

Cet inspecteur a mis en demeure une importante maison d'avoir à se conformer aux prescriptions du décret, en ce qui a trait aux chauffeurs, prescription qu'il interprète en accordant seulement une heure et demie, en sus du travail fait dans les autres locaux que celui dans lequel se trouve le chauffeur. Cette interprétation est en opposition absolue avec l'arrêt de cassation du 30 mars 1901 qui met en dehors de la loi de 1900 tout ouvrier adulte travaillant dans un local séparé et qui, dès lors, ne permet plus de viser cet ouvrier par un décret, autrement que dans le sens d'une atténuation de la loi et non d'une aggravation.

Or, si l'interprétation de l'Inspecteur susvisé devait être admise, qu'adviendrait-il de cette partie du décret, lors de l'application du palier de 10 heures? C'est que le chauffeur travaillant dans un local séparé ne pourrait plus faire que 11 heures 1/2, alors que l'arrêt de la cour lui accorde formellement 12 heures, aux termes de la loi de 1848.

De deux choses l'une : ou le décret aurait été pris en violation de la loi, ou il serait caduc dans une de ses parties essentielles.

D'ailleurs, une interprétation faisant dépendre le régime auquel sont soumis le chauffeur et le mécanicien, non de la situation du local où ils travaillent, mais de celle des ateliers « séparés » dont ils sont chargés de fournir la force motrice, serait non seulement antijuridique, mais encore révèlerait la préoccupation de resserrer davantage les entraves que le législateur avait pour but de relâcher en prévoyant le décret.

Il n'est pas inutile de répéter que le décret ne peut être restrictif :

1° Parce que dans les textes cités au préambule du décret du 28 mars 1902, l'article 2 du décret-loi du 9 septembre 1848 est visé, dans les termes suivants :

Les règlements d'administration publique détermineront les exceptions qu'il serait nécessaire d'apporter à cette disposition générale (douze heures de travail), à raison de la nature des industries et des cas de force majeure.

2° Parce que l'article 1er du décret du 28 mars 1902 indique nettement le caractère adductif du décret, par l'expression suivante :

ART. 1er. — *La durée du travail effectif journalier des ouvriers adultes* peut, *pour les travaux désignés au tableau suivant, et conformément à ses indications*, être élevée au-dessus......, etc.

(Suit la distinction admise par la Cour de cassation, au sujet des mêmes locaux : à savoir que la limite générale du travail des adultes isolés est 12 heures, que celle du travail des adultes travaillant dans les « mêmes locaux » que le personnel protégé est de 10 heures et demie).

Si l'Union insiste pour que l'interprétation qu'elle donne du décret soit admise, c'est qu'il est matériellement impossible de mettre en pression des générateurs qui doivent chauffer les salles, avant l'arrivée des ouvriers, en une heure et demie. L'hiver, notamment, et c'est un point important que les rédacteurs du décret ont oublié, les générateurs ont à assurer, dans l'industrie textile, non seulement la force motrice d'un établissement mais encore le chauffage des salles.

A propos de la tolérance de une heure et demie, il est une objection qui, aujourd'hui encore, est opposée à l'industrie textile. On prétend qu'elle a déclaré suffisante la durée d'une heure et demie de travail supplémentaire, adoptée par le décret, pour le travail des mécaniciens et chauffeurs attachés au service des machines motrices.

Or, si elle a accepté une heure et demie de supplément pour le service des machines motrices, c'est qu'elle n'a jamais cessé de considérer les chauffeurs comme autorisés à faire 12 heures par la loi elle-même, et qu'en demandant une heure et demie, elle entendait faire fixer à 13 heures et demie le maximum des heures de travail pour les ouvriers qui travaillent dans des locaux séparés.

*
* *

Le § 2 du tableau est d'une rédaction fort peu claire également, ces termes : « que la connexité des travaux ne permettent pas de mettre isolément au repos pendant la marche générale de l'établissement » sont susceptibles de prêter à bien des équivoques et à bien des divergences d'interprétation.

L'Union fait remarquer, qu'il est désirable d'assurer l'uniformité des décisions des fonctionnaires de l'inspection, la diversité de leurs opinions pouvant entraîner des injustices. Le seul moyen d'y remédier est de rendre aussi précis que possible les textes de la législation du travail en supprimant les mots « que la connexité des travaux ne permet pas de mettre isolément au repos pendant la marche générale de l'établissement ».

Outre les obscurités qu'il présente, le tableau annexé au § 1er du décret du 28 mars 1902 n'a pas tenu compte de certaines latitudes indispensables à la vie même de l'industrie.

Ainsi le § 1er du tableau, deuxième alinéa, passe sous silence le *travail des mécaniciens employés aux réparations*. La tolérance d'une heure et demie prévue par le décret doit être étendue à cette catégorie de travailleurs, sous peine d'entraver le fonctionnement normal de l'industrie.

*
* *

Dans le même ordre d'idées, la demi-heure supplémentaire prévue pour le nettoiement des « métiers et autres

Texte du décret du 28 mars 1902		Modifications demandées par l'Union des syndicats patronaux des industries textiles de France	
DÉSIGNATION DES TRAVAUX	LIMITE D'AUGMENTATION DU TRAVAIL EFFECTIF journalier	DÉSIGNATION DES TRAVAUX	LIMITE D'AUGMENTATION DU TRAVAIL EFFECTIF journalier
1° Travail des ouvriers spécialement employés dans une industrie quelconque à la conduite des fours, fourneaux, étuves, sécheries ou chaudières autres que les générateurs pour machines motrices, ainsi qu'au chauffage des cuves et bacs, sous la condition que ce travail ait un caractère purement préparatoire ou complémentaire et ne constitue pas le travail fondamental de l'établissement. Travail des mécaniciens et des chauffeurs employés au service des machines motrices.	Une heure et demie au delà de la limite assignée au travail général de l'établissement, deux heures le lendemain de tout jour de chômage.	1° Travail des ouvriers spécialement employés, etc., etc. .... Travail des mécaniciens et des chauffeurs employés au service des machines motrices *ou à l'entretien ou aux réparations du matériel.*	*Une heure et demie au delà de la limite fixée pour la catégorie à laquelle appartiennent ces ouvriers.*
2° Travail des ouvriers employés après arrêt de la production à l'entretien et au nettoyage des métiers et autres machines productrices que la connexité des travaux ne permettait pas de mettre isolément au repos pendant la marche générale de l'établissement.	Une demi-heure au delà de la limite assignée au travail général de l'établissement.	2° Travail des ouvriers employés, après arrêt de la production, à l'entretien, au nettoyage *et aux réparations du matériel.*	*Une demi-heure, au delà de la limite fixée pour la catégorie à laquelle appartiennent ces ouvriers.*
3° Travail d'un chef d'équipe ou d'un ouvrier spécialiste dont la présence est indispensable à la marche d'un atelier ou au fonctionnement d'une équipe, dans le cas d'absence inattendue de son remplaçant et en attendant l'arrivée d'un autre remplaçant	Deux heures au delà de la limite assignée au travail général de l'établissement.	3° Travail d'un chef d'équipe ou d'un ouvrier, etc., etc.	Deux heures au delà, etc.

DÉSIGNATION DES TRAVAUX	LIMITE D'AUGMENTATION DU TRAVAIL EFFECTIF journalier	DÉSIGNATION DES TRAVAUX	LIMITE D'AUGMENTATION DU TRAVAIL EFFECTIF journalier
4° Travail des ouvriers spécialement employés soit au service des fours, soit à d'autres opérations, quand le service ou les opérations doivent rester continus pendant plus d'une semaine.	Faculté illimitée pendant un jour pour permettre l'alternance des équipes. Cette alternance ne pouvant avoir lieu qu'à une semaine d'intervalle au moins.	4° Travail des ouvriers spécialement employés, etc.	Faculté illimitée, etc., etc.
5° Travail des ouvriers spécialement employés soit à des opérations de grosse métallurgie (fonte, forgeage, laminage des métaux en grosses pièces et opérations connexes) soit à d'autres opérations reposant sur des réactions qui, techniquement, ne peuvent être arrêtées, à volonté, lorsque les unes et les autres n'ont pu être terminées dans les délais réglementaires par suite de circonstances exceptionnelles.	Deux heures exceptionnellement pour la grosse métallurgie (6 heures la veille de tout jour de chômage).	5° Travail des ouvriers spécialement employés, etc.	Deux heures exceptionnellement pour la grosse métallurgie (6 heures la veille de tout jour de chômage).
		5° bis. Travail des ouvriers employés à des opérations reposant sur des réactions qui techniquement ne peuvent être arrêtées à volonté et à des opérations telles que le lavage et l'étendage des étoffes.	*Une heure au delà de la limite fixée par l'article 1, § 1, de la loi du 9 septembre 1848.* *Deux heures pendant 120 jours par an pour les usines de teinturerie, d'apprêt d'étoffes et de pressage.*
6° Travaux urgents dont l'exécution immédiate est nécessaire pour prévenir des accidents imminents, organiser des mesures de sauvetage ou réparer des accidents survenus au matériel, aux installations ou aux bâtiments de l'établissement.	Faculté illimitée pendant un jour au choix de l'industriel ; les autres jours deux heures au delà de la limite fixée par l'article 1, § 1, de la loi du 9 septembre 1848.	6° Travaux urgents, etc., etc.	Faculté illimitée, etc., etc.

machines productrices » doit s'appliquer également aux réparations du même matériel.

Dans l'Industrie textile, les réparations à l'outillage sont extrêmement fréquentes. Une telle omission aurait, au point de vue de la production, les conséquences les plus fâcheuses.

M. le Secrétaire général ajoute que certains points sur lesquels il n'a pu insister, pour ne pas abuser de l'attention que Monsieur le Ministre veut bien prêter à *l'Union*, feront l'objet de notes distinctes ou d'observations de la part des spécialités intéressées.

Les modifications au décret du 28 mars 1902, soumises par l'Union à Monsieur le Ministre, sont consignées dans le tableau ci-dessus [1].

ANNEXE A L'EXPOSÉ DE M. TOURON
Secrétaire général de l'Union

Note relative au nettoiement des machines et métiers

L'Union fait remarquer, qu'en ce qui concerne le nettoiement des machines et des métiers, le décret nouveau accorde un délai d'une demi-heure supplémentaire (§ 2 du tableau annexé à l'article 1er).

Elle émet l'avis que, tant pour la bonne marche des établissements industriels que pour faciliter le service de l'inspection, il serait indispensable d'étendre le bénéfice de cette dérogation à tout le personnel des ateliers mixtes. Il serait préférable aussi, en vue d'assurer une meilleure répartition du travail, de laisser aux industriels la faculté de limiter non plus quotidiennement, mais hebdomadaire-ment, la durée du travail supplémentaire impartie pour le nettoyage, après arrêt des moteurs.

---

(1) V. p. 8.

EXPOSÉ DE M. CHEDVILLE
Vice-président de l'Union pour la région d'Elbœuf

Au sujet des tolérances accordées à l'Industrie textile par les décrets des 15 juillet 1893, 20 juillet 1895 et 24 février 1898

Les lois qui régissent le travail sont, en France, plus rigoureuses que celles des autres pays concurrents qui participèrent naguère à la Conférence de Berlin.

Aussi, de nombreuses dérogations ont-elles été reconnues nécessaires.

L'Industrie textile figure, pour certaines de ses spécialités, dans les énumérations établies par les décrets des 15 juillet 1893, 26 juillet 1895 et 24 février 1898.

À ce propos, et dans un intérêt d'ordre général commun à toutes les industries qui la composent, l'Union a l'honneur d'appeler la bienveillante attention de M. le ministre du Commerce sur les moyens de rendre plus pratiques les tolérances dont bénéficie l'Industrie textile.

Actuellement, pour obtenir les autorisations nécessaires à l'*utilisation* des latitudes relatives au travail de nuit et à la durée du travail, en vertu de l'art. 5 des décrets de 1893 et de 1895, les industriels sont tenus de s'adresser à MM. les Inspecteurs divisionnaires qui seuls ont qualité pour lever momentanément les interdictions prévues par la loi.

Le décret n'a point limité le nombre des jours durant lesquels M. l'Inspecteur divisionnaire a le droit de délivrer les autorisations qui lui sont demandées.

Or, par une simple circulaire du 17 mai 1900, le précédent titulaire du département du Commerce et de l'Industrie a cru devoir, afin d'éviter des abus qui s'étaient produits de la part de certains Inspecteurs, limiter à 60 jours par an pour la durée du travail journalier, et à quinze jours, pour la suspension du repos hebdomadaire, le nombre des dérogations pouvant être autorisées à chaque établissement en vertu de l'article 5 des décrets de 1893 et de 1895.

Cette limite de 60 jours par an est tout à fait insuffisante pour certaines industries textiles où les besoins de la mode sont si impérieux.

L'Union exprime le vœu qu'une circulaire ministérielle autorise les Inspecteurs divisionnaires à porter à 120 jours par an l'ensemble des autorisations qu'ils ont pouvoir de délivrer. Ce qu'une première circulaire ministérielle a fait peut être modifié par une seconde.

***

L'Union désirerait aussi, puisque certaines dérogations aux lois du travail ont été reconnues nécessaires, indispensables même à la bonne marche de l'industrie, qu'il ne dépendît plus de la volonté de M. l'Inspecteur divisionnaire de les accorder ou de les refuser.

Elle souhaiterait que ces exceptions fussent comme un droit accordé à l'industrie pour un nombre de jours déterminé, qu'elles devinssent comme un crédit ouvert à chaque industriel et dont il pourrait user suivant ses besoins.

Sur ce point, l'opinion de l'Union se trouve concorder entièrement avec celle de MM. les Inspecteurs divisionnaires, dont l'avis est rapporté en ces termes dans le rapport annuel de la Commission supérieure du travail, publié dans le *Journal officiel*, à la date du 17 octobre dernier :

« Mais ce dont se plaignent le plus les industriels ce n'est point tant de la réduction générale de la durée du travail que de l'impossibilité où ils se trouvent, s'ils ne sont pas admis au bénéfice de la dérogation de l'art. 7 de la loi de 1892, de pouvoir exceptionnellement prolonger cette durée. *Ils voudraient qu'aux époques de grande presse, lorsque les commandes exceptionnelles se produisent*, il leur fût possible de disposer d'un crédit limité d'heures supplémentaires qui leur donnerait la possibilité de compenser les périodes de morte-saison. »

C'est bien là la vérité. L'Union ne saurait trop approuver le rapporteur qui a si bien exprimé les pensées et les désirs de l'industrie.

En demandant que ces tolérances constituent un droit pour l'industrie, l'Union n'entend élever aucune suspicion à l'égard de MM. les Inspecteurs du Travail. Son but est uniquement d'éviter à l'industriel les délais inséparables d'une procédure d'autorisation. Il peut arriver, en effet, que l'Inspecteur divisionnaire soit absent, pour les besoins mêmes du service. Quinze jours se passeront, peut-être, (c'est déjà arrivé) avant qu'il ait pu être statué sur l'autorisation demandée. L'occasion pour laquelle l'industriel intéressé réclamait une tolérance sera peut-être passée, car l'Industrie textile se voit obligée de répondre à des ordres très pressés venant très tardivement, en raison même du retard des saisons; hiver ou été elle est obligée d'y répondre au plus vite.

*
* *

M. Chedville appelle l'attention de M. le Ministre sur un moyen de contrôle employé en Belgique et qui semble à l'Union à la fois très pratique et très efficace.

L'industriel est muni d'un carnet à souches contenant un certain nombre de feuillets comme un carnet de chèques; chaque fois qu'il veut bénéficier d'une dérogation à la loi, il détache un feuillet et l'envoie à l'inspecteur du travail, après y avoir inscrit la date et le nombre de personnes qui doivent être comprises dans l'exception. Et cela jusqu'à ce que son crédit annuel soit épuisé.

Les industries saisonnières, celles qui relèvent de la mode, n'ont pas un instant à perdre.

Dès que la mode est fixée, que l'on connaît les nuances qui seront préférées, que l'on sait quel degré de finesse doit avoir le fil, et quelle contexture du tissu attire la faveur

de l'acheteur, teinturiers, *filateurs, tisseurs, apprêteurs*
sont aux abois, car les acheteurs n'entendent pas raison,
ils veulent être livrés immédiatement, menaçant, si on ne
ne les satisfait au plus vite, de passer leurs ordres à l'é-
tranger.

Aussi, les industries saisonnières désireraient-elles
pouvoir user immédiatement, dès que l'intérêt s'en mani-
feste, des dérogations que leur accordent les lois et les
décrets.

A propos des industries saisonnières également, l'Union
se permet de signaler à M. le Ministre, comme incom-
plète, la désignation relative à la dérogation dont bénéficie la filature de laine, en vertu de l'art. 5 du décret du
24 février 1898.

Le texte de l'art. 5 du décret du 24 février 1898 est
le suivant :

*(Est complétée comme suit la nomenclature des in-
dustries énumérées à l'art. 5 du décret du 15 juillet
1893) : filature, retordage des fils crépés ou bouclés et à
boutons, des fils moulinés et multicolores, du dévidage de
la soie pour les étoffes des nouveautés.*

Or, il y a des fils unis destinés également aux étoffes de
nouveauté et de mode qui n'ont pu être mis en œuvre
qu'au dernier moment.

La dérogation ainsi définie est donc insuffisante et il
paraît à l'Union qu'elle devrait être rédigée dans les
mêmes termes que celle relative au tissage et qu'on devrait
dire : « Filature et retordage de fils pour tissage des étoffes
de nouveauté destinées à l'habillement ».

Observation de M. Chedville relativement au § 7 de l'art. 4 de la loi du 2 nov. 1892.

L'Union croit devoir rappeler à l'attention de M. le Ministre que, par suite de la rédaction du § 7 de l'art. 4 de
la loi du 2 novembre 1892, le but que s'était proposé le

législateur en introduisant cette disposition dans la loi n'est pas atteint.

En effet, le § 7 s'exprime ainsi :

« En cas de chômage résultant d'une cause de force majeure, l'interdiction du travail de nuit peut-être levée, pour toutes les industries, par l'Inspecteur du Travail. »

L'intention du législateur est de ne pas faire souffrir l'ouvrier d'un chômage résultant d'une cause de force majeure et de lui permettre de regagner le temps perdu.

Or, dans la pratique, si l'Inspecteur a le droit de lever l'interdiction du travail de nuit, les autres dispositions de la loi de 1892 ne lui permettent pas d'autoriser l'emploi, pendant la nuit, du personnel qui a travaillé dans la journée.

Il faudrait, pour bénéficier de la faculté de travailler la nuit, former une autre équipe, et il est pratiquement impossible de trouver, au pied levé, un personnel exercé.

A ce sujet, l'Union ne saurait mieux faire que de recourir encore une fois à l'avis formulé par MM. les Inspecteurs dans le rapport déjà cité :

« A plusieurs reprises, les industriels ont demandé de substituer à cette tolérance presque toujours inapplicable (travail de nuit), l'autorisation de prolonger la durée du travail de jour en cas d'accident. »

« Le service de l'Inspection est d'avis qu'il n'y aurait à redouter aucun abus de nature à faire obstacle à cette mesure, l'accident étant un fait matériel dont la constatation est facile. »

Et plus loin :

« Réclamée par les ouvriers comme par les patrons, elle mériterait d'autant plus d'être accueillie qu'elle aurait pour effet de remédier au chômage dont les conséquences sont encore plus funestes à l'ouvrier qu'à l'industriel. »

« Toutefois, nous ne serions pas partisans d'une sub-
stitution, mais d'une addition aux tolérances. »

Il y a là une lacune dans la législation du travail que
l'Union signale à M. le Ministre. Il serait utile, dans l'intérêt commun des patrons et des ouvriers, de la combler.

EXPOSÉ DE M. LÉON PERMEZEL

*Membre du Conseil supérieur du Commerce et de l'industrie,
délégué de l'Association de la fabrique lyonnaise*

L'Union a eu l'honneur d'exposer à M. le Ministre
du Commerce que l'industrie de la soie exporte, par an,
les deux tiers de sa production et que, plus que les autres
Industries textiles, elle est soumise aux lois de la concurrence étrangère.

Aussi, l'industrie de la soie est-elle d'autant plus atteinte
par la limitation des heures de travail que les principales
nations concurrentes : l'Italie, la Suisse, l'Allemagne,
l'Autriche et la Russie, possèdent, en ce qui concerne la
réglementation du travail, des législations beaucoup plus
libérales que la nôtre.

C'est déjà pour l'Industrie française de la soie une première cause d'infériorité qui se trouve aggravée, par suite
des circonstances suivantes, particulières à la région
lyonnaise.

La plupart des usines de l'industrie de la soie, dont cha-
cune représente de deux cents à cinq cents métiers en
moyenne, emploient un personnel assez considérable et
presque exclusivement féminin.

En effet, chaque métier représente l'emploi de deux
femmes, ce qui nécessite, pour trois cents métiers, le con-
cours de six cents femmes et jeunes filles.

Pour compléter leur personnel féminin, les usines, très rapprochées les unes des autres, doivent faire appel aux populations des régions environnantes et souvent à des villages très éloignés. On peut même établir en principe que, pour un établissement occupant 600 femmes ou jeunes filles, 450 viennent de villages distants de 20, 30, 40 et même 80 kilomètres. Il est impossible à ces ouvrières de rentrer chaque jour chez elles ; on est donc obligé de les loger et de les nourrir à l'usine.

Le samedi, et c'est la condition que les parents mettent à se séparer de leurs enfants, ces femmes et ces jeunes filles retournent chez elles. Il est naturel que, du côté patronal, on s'efforce de favoriser un usage aussi moral. Aussi, le samedi, suspend-on le travail à trois heures pour le reprendre seulement le lundi matin à dix heures. Il en résulte une perte de 10 0/0 environ pour l'ouvrier qui est aux pièces et une perte considérable pour les établissements industriels qui, au lieu de 63 heures par semaine, ne peuvent travailler en réalité que 56 ou 57 heures.

Pour ces raisons, l'industrie de la soie sollicite la faculté, également avantageuse pour l'élément patronal et ouvrier, de pouvoir répartir les heures de travail, à son gré, sur les différents jours de la semaine, de façon à décharger la journée du samedi, sous réserve que la limite hebdomadaire de 63 heures ne sera pas dépassée et que, chaque jour, la durée du travail ne dépassera pas 11 heures.

EXPOSÉ DE M. STÉPHANE FAISANT

Vice-Président de l'Union pour la région de Roanne (Loire)

L'industrie cotonnière de Roanne arrive à des conclusions identiques à celles de la région lyonnaise. Elle demande que les industriels puissent avoir la faculté de substituer à la limitation quotidienne du travail, la limitation hebdomadaire, de telle façon qu'il soit possible de travailler 11 heures au maximum, pendant cinq jours de la semaine, en déchargeant, en partie, la journée du samedi.

L'Union fait remarquer à M. le Ministre que l'usage est établi dans la région de Roanne, depuis 25 ans, de laisser aux ouvriers la liberté du samedi après-midi.

Il est impossible de revenir sur cet usage, sous peine des plus graves difficultés, et, d'autre part, la réduction du travail à 10 heures 1/2 ne permet pas de regagner, en semaine, les heures consacrées, le samedi après-midi, au repos des ouvriers.

L'industrie de Roanne demande aux Pouvoirs publics que la faculté soit laissée aux chefs d'industrie de faire usage dans leurs ateliers, à leur volonté, et suivant l'usage des lieux, de la limitation quotidienne des heures de travail ou, au contraire, de la limitation hebdomadaire.

***

M. le Secrétaire général de l'Union ayant demandé à M. le Ministre la permission de lui présenter des notes sur les points qui n'ont pu être traités au cours de l'audience, l'Union appelle sa bienveillance sur les cas particuliers de la teinture et industries similaires, de la filature de laine cardée, de peignage et d'épaillage de laine.

Observations relatives au cas particulier des industries de la teinture, du blanchiment, de l'impression et des apprêts des tissus et matières textiles présentées par MM. Guillaumet et Aubert au nom des manufacturiers des régions de Paris, Roubaix, Reims, Lyon, etc.

L'Union appelle l'attention de M. le Ministre sur la situation particulière aux industries de la teinture, du blanchiment, de l'impression et de l'apprêt des tissus.

Ces industries travaillent à façon pour le compte de fabricants, de négociants et d'importateurs.

Il en résulte que les ordres arrivent irrégulièrement, selon les exigences des saisons et les caprices de la mode. A certaines époques de l'année, le travail abonde, à d'autres moments au contraire, en morte-saison, on travaille quelques heures seulement et les salaires sont forcément très restreints.

De plus, ces industries travaillent surtout pour l'exportation. Elles sont donc dans l'obligation de tenir compte des dates de départ des paquebots, ce qui les oblige à faire un très grand effort pour livrer, dans un délai fixe et très rapide, sous peine de voir leurs ordres passer à l'étranger. Il faut ajouter aussi que la teinture et les industries similaires se trouvent en présence, sur les marchés extérieurs, d'une terrible concurrence, surtout de la part des Allemands chez lesquels la main-d'œuvre est bon marché et la réglementation du travail très tolérante.

La faculté de disposer, au cours d'une année, d'un nombre suffisant d'heures supplémentaires, est donc absolument nécessaire à ces industries, et c'est avec raison que le décret du 17 mai 1851 prévoyait, en vertu de son art. 3 :

1° *Une heure supplémentaire à la fin de la journée de travail, pour le lavage et l'étendage des étoffes dans les blanchisseries, teintureries et aussi les fabriques d'indiennes.*

2° *Deux heures pendant 120 jours ouvrables de l'année, au choix des chefs d'établissements, dans les usines de teinturerie, d'apprêt des étoffes et de pressage.*

Ces dérogations permettaient aux ouvriers de compenser, dans une certaine mesure, les pertes causées par les chômages inévitables qui atteignent, en raison de leur nature même, la teinturerie et les industries similaires.

Or, le nouveau décret ne concède à la teinturerie et industries similaires que des tolérances absolument insuf-

fisantes : deux heures, en cas de circonstances exceptionnelles.

Les circonstances exceptionnelles sont normales dans
des industries reposant sur des opérations longues et
délicates : elles peuvent surgir tous les jours. On ne peut,
en effet, laisser inachevées, sans crainte de détérioration,
des pièces teintes et humides.

De plus, l'Union fait remarquer qu'il conviendrait de
rendre à ces industries, pour les adultes travaillant isolément, la seconde dérogation prévue, en ce qui les concerne,
par le décret du 17 mai 1851 :

*Deux heures supplémentaires pendant 120 jours ou-
vrables.*

Ces heures supplémentaires permettent de compenser,
pour la classe ouvrière, les chômages de la morte-saison.

Telles sont, en ce qui concerne le décret du 28 mars
1901, les observations particulières à la Teinturerie et
Industries similaires que l'Union croit devoir formuler.

Elle se permet d'appeler l'attention de Monsieur le Ministre sur leur importance.

Ces industries exécutent, chaque année, pour environ
180 millions de travaux à façon, sur lesquels 60 à 70 millions sont distribués en salaire à 60.000 ouvriers des deux
sexes.

La presque totalité de ces ouvriers est payée à l'heure.

Les industries de la teinture et spécialités similaires se
réfèrent à l'exposé de M. Chedville, en ce qui concerne
l'abrogation de la circulaire du 12 février 1900.

Note relative aux industries de la laine cardée, au peignage et à l'épaillage de la laine
(Décrets du 15 juillet 1893 et du 26 juillet 1895)

L'Union a l'honneur de soumettre à M. le Ministre les
observations suivantes relatives aux industries de la laine
cardée, du peignage et de l'épaillage de la laine :

Les industries lainières souffrent particulièrement de la réduction des heures de travail, en raison de leur caractère saisonnier. Travaillant par à-coups, à des époques déterminées de l'année, il leur est nécessaire de pouvoir, à certains moments, disposer d'un certain nombre d'heures supplémentaires, pour satisfaire aux ordres qui leur sont donnés.

Les régions d'Elbeuf, de Roubaix, de Reims et de Sedan, où l'industrie de la laine est dominante, ont à lutter, surtout au point de vue de l'exportation, contre une concurrence redoutable. Les Belges et les Allemands, par exemple, sont des adversaires d'autant plus dangereux qu'ils bénéficient de la plus grande latitude au point de vue de la réglementation du travail.

Ces industries, notamment les fabricants de Sedan, demandent à bénéficier des tolérances accordées par les décrets aux industries saisonnières, par l'art. 1er du décret du 15 juillet 1893 et l'art. 5 du décret du 26 juillet 1895.

1° L'art. 1er du décret du 15 juillet 1893 serait complété comme suit :

Article premier. — Dans les industries et aux époques ci-après déterminées, les femmes et les filles âgées de plus de 18 ans pourront être employées jusqu'à 11 heures du soir, sans qu'en aucun cas, la durée du travail effectif puisse dépasser 12 heures par 24 heures :

Ameublement, tapisserie. . . . .
. . . . . . etc.

. . . .

Teinturerie, apprêt, blanchiment, impression, gaufrage et pressage des étoffes.

(*Filature de laine cardée, peignage et épaillage de la laine*) (**Modification demandée**).

Tissage des étoffes de nouveauté destinées à l'habillement.

2° La modification apportée à l'art. 5 du décret du 26 juillet 1895 serait ainsi libellée :

Art. 5. — Les industries pour lesquelles l'obligation du repos hebdomadaire pourra être temporairement levée par l'inspecteur divisionnaire, pour les enfants âgés de moins de 18 ans et les femmes de tout âge, sont les suivantes :

Ameublement, tapisserie, passementerie pour meubles, ... etc.

. . . .

Teinture, apprêt, blanchiment, impression, gaufrage et moirage des étoffes.

Filature de laine cardée, peignage et épaillage de la laine (**Modification demandée**).

Tissage des étoffes de nouveauté destinées à l'habillement.

L'Union fait remarquer que toutes les industries saisonnières, s'alimentant suivant les influences de la mode, bénéficient des dérogations prévues par les décrets.

La filature de laine cardée, le peignage et l'épaillage de la laine rentrant dans la catégorie des spécialités saisonnières, il serait juste, dans l'intérêt même de la classe ouvrière, qui souffrirait plus encore que le patronat des effets de la concurrence étrangère, de leur accorder les mêmes facultés.

**

L'Union ne saurait trop faire ressortir, comme M. le Secrétaire général l'a indiqué au cours de sa déposition, combien il serait chimérique de prétendre imposer une réglementation uniforme et absolue à toutes les industries. L'expérience n'a cessé de démontrer, toutes les fois que l'on a légiféré en la matière, combien il était nécessaire de tempérer la loi par des règlements d'administration publique conçus dans un esprit pratique et libéral.

BAR-LE-DUC. — IMPRIMERIE CONTANT-LAGUERRE.

IMPRIMERIE
CONTANT-LAGUERRE

BAR LE DUC

www.ingramcontent.com/pod-product-compliance
Lightning Source LLC
LaVergne TN
LVHW010122060726
842524LV00005B/1670